다양한 독후 활동지로
〈팜〉 시리즈를 더 알차게 읽어 보세요.
QR 코드를 찍어 독후 활동지를 다운로드하세요.

―――――― 추천사 ――――――

어린 시절 사람의 몸속에 들어가는 상상을 해본 적이 있습니다. 〈팜〉은 어린이들의 상상력을 키우고, 인체의 신비와 그 속에 숨은 과학을 쉽고 재미있게 이해할 수 있도록 돕는 훌륭한 책입니다.

_ 한방내과 전문의, 자생한방병원 척추추나과 원장 **김동조**

홍지연 작가님의 책은 기발한 상상력과 창의성을 바탕으로, 어디로 튈지 모르는 주인공들의 살아있는 이야기가 독자들의 마음을 사로잡습니다. 과학 편, 수학 편, 그리고 인체 편으로 이어지는 작가님의 멋진 행보를 응원합니다.

_ 클래스포에듀 대표 **강희광**

인체 편 ❶ 얼굴 공장

초판 발행 • 2025년 2월 25일
초판 2쇄 발행 • 2025년 11월 10일

글 • 홍지연
그림 • 정원재
발행인 • 이종원
발행처 • 길벗스쿨
출판사 등록일 • 2006년 6월 16일
주소 • 서울시 마포구 월드컵로 10길 56(서교동)
대표 전화 • 02)332-0931 | 팩스 • 02)323-0586
홈페이지 • www.gilbut.co.kr | 이메일 • gilbut@gilbut.co.kr

기획 및 책임편집 • 김윤지(yunjikim@gilbut.co.kr) | 제작 • 이준호, 손일순, 이진혁
마케팅 • 양정길, 이지민 | 유통혁신 • 진창섭 | 영업관리 • 정경화 | 독자지원 • 윤정아

디자인 • 책돼지 | 교정교열 • 김혜영 | 출력·인쇄·제본 • 영림

▶ 이 책은 저작권법의 보호를 받는 저작물로 이 책에 실린 모든 내용, 디자인, 이미지, 편집 구성은 허락 없이 복제하거나 다른 매체에 옮겨 실을 수 없습니다.
▶ 인공지능(AI) 기술 또는 시스템을 훈련하기 위해 이 책의 전체 내용은 물론 일부 문장도 사용하는 것을 금지합니다.
▶ 잘못 만든 책은 구입한 서점에서 바꿔 드립니다.

ISBN 979-11-6406-882-1 73510
(길벗 도서번호 600008)

ⓒ 홍지연, 정원재, 2025

정가 15,000원

독자의 1초를 아껴주는 정성 길벗출판사

(주)도서출판 길벗 | IT교육서, IT단행본, 경제경영서, 어학&실용서, 인문교양서, 자녀교육서 www.gilbut.co.kr
길벗스쿨 | 국어학습, 수학학습, 어린이교양, 주니어 어학학습, 학습단행본 www.gilbutschool.co.kr

팜

인체 편
① 얼굴 공장

글 홍지연 / 그림 정원재

길벗스쿨

차례

1장 멍이 & 냥이의 얼굴 공장 → 007

2장 내 몸이 아니야! → 021

3장 눈알이 반짝반짝 → 029

4장 빙글빙글 → 047

5장 코털이 너무해 → 065

6장 앞니 옆에 앞니, 그 옆에 또 앞니 → 083

7장 누구냐, 넌? → 099

8장 목성 탈출 → 115

1장
멍이 & 냥이의 얼굴 공장

안녕? 나는 멍이라고 해.

얘는 내 쌍둥이 동생(?)
냥이.

뭐? 강아지와 고양이가 어떻게 쌍둥이 형제일 수 있느냐고?
그게 말이 된다고 생각하느냐고?

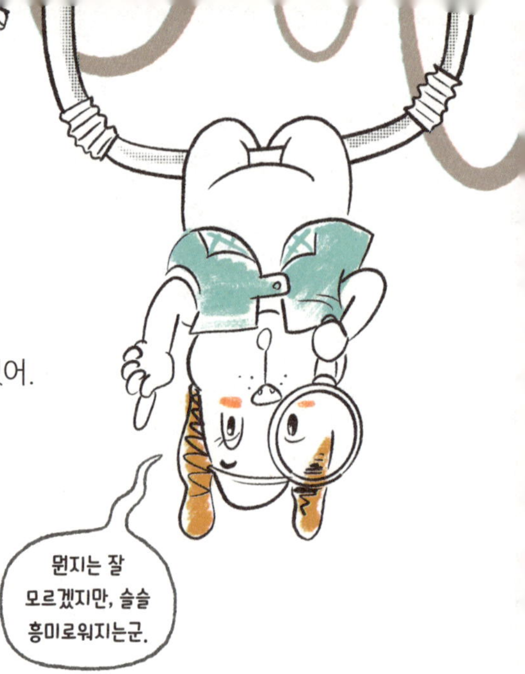

우리는 지금 얼굴 공장에 와 있어.
공장! 농장이 아니고 공장!
설마 공장을 모르진 않겠지?

> 뭔지는 잘 모르겠지만, 슬슬 흥미로워지는군.

내가 말하는 얼굴 공장은 그냥 공장이 아니야.
진짜 얼굴이야.
매일 거울로 보는 얼굴!

얼굴에 공장이 어디 있느냐고?
궁금하면 오백 원…이 아니고,
당장 날 따라와!

그나저나 주니와 내가 왜 냥이와 멍이로 변했느냐고?
그건 우리도 몰라. 얼굴 공장을 샅샅이 살펴보면 알 수 있지 않을까?
자, 얼굴 공장으로 출발!

여기는 영화관이야.
얼굴 공장에 무슨 영화관이냐고? 모르는 소리!
이 영화관이 얼마나 스펙터클한데.
패션, 먹방, 콘서트까지 안 되는 게 없지.

여기는 내가 제일 좋아하는 쌀보리 게임방이야.
게임을 어떻게 하느냐고? 자세한 방법은
엄마나 아빠한테 여쭤 봐.

여기는 나와 냥이의 실험실.
머리털과 방귀로 무엇을 만들어 볼까?

멈추지 않는 실험 정신!

헤헤. 나 혹시 전생에 방귀 대장이었던 거 아냐?

얼굴 공장은 우리를 멍이와 냥이로 만든 마법을 푸는 입구야.
그런데 진짜 얼굴이기도 해.
누구 얼굴이냐고? 누구 얼굴일까?
궁금해?

궁금하면…
얼른 다음 장을 넘겨 봐!
보다시피 우리는 꽤 멋진
얼굴 공장을 가진 셈이지.

2장
내 몸이 아니야!

오늘따라 눈꺼풀이 무거워.
왜 그런 날 있잖아. 정말 눈 뜨기 싫은 날.
오늘이 딱 그런 날이야.

"일어나 봐. 지금 잘 때가 아니야."

"주니 & 거니가 아니라니?"
"궁금하면 거울을 봐!"

"이게 누구야? 나? 나라고?
난 거니인데? 뭐야?
꿈이야? 진짜야?
넌? 너는? 주니?"

"주니는 주니인데, 냥이가 된 주니지.
네가 거니는 거니인데
멍이가 된 거니인 것처럼."

"냥이? 멍이?
냥이, 멍이라니
그게 무슨 소리야?"

"나름 나쁘지 않아. 꽤 멋져.
역시 클래스는 영원한 법!"

"그럼 우린 이렇게 멍이 & 냥이로 살아야 하는거야? 왜? 갑자기?
〈팜〉 시리즈가 망하기라도 했어? 그런 거야?
말도 안 돼! 믿을 수 없어.
맙소사!"

"어허, 코딩 과학 동화에 이어 코딩 수학 동화까지 나온
〈팜〉 시리즈가 망했을 리가 있나. 하지만
뭔가 비밀이 숨어 있긴 한 것 같아. 이걸 봐."

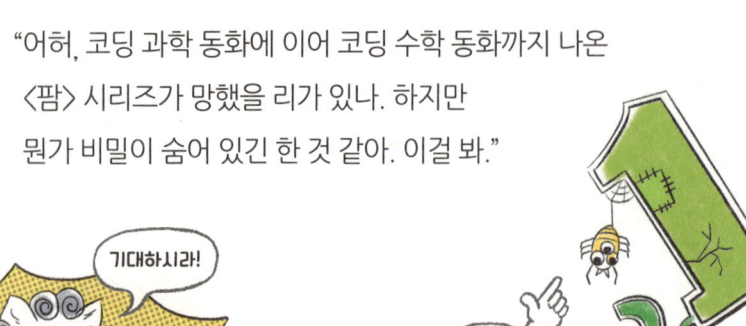

기대하시라!

얼마나 공들여 만든
숫자 농장인데
설마 이렇게
됐으려고?
에이, 그럴 리가.

주니, 아니 냥이가 뭔가를 꺼냈어.
반짝반짝 빛나는 거였지.
그런데 그게 쭉 늘어나지 뭐야.

짜~란~

블루투스
마이크 아님

"뭐야, 이건 또? 큐브? 도깨비방망이?"
"눈을 딱 뜨니 이게 보이던데?
 너랑 나랑은 이렇게
 변했고 말이야."

"이 큐브에는 뭔가 빠진 것 같은데….."

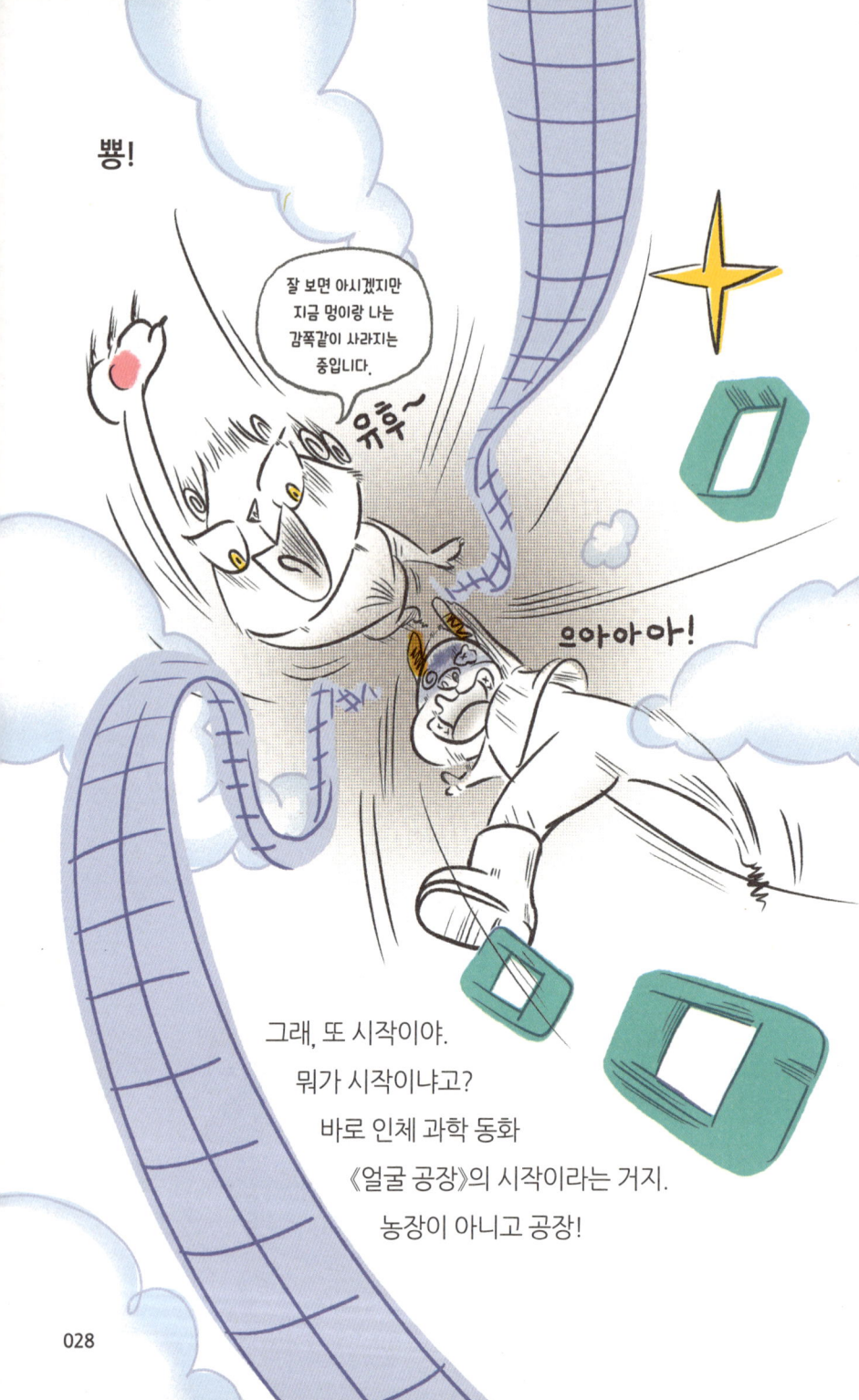

3장
눈알이 반짝반짝

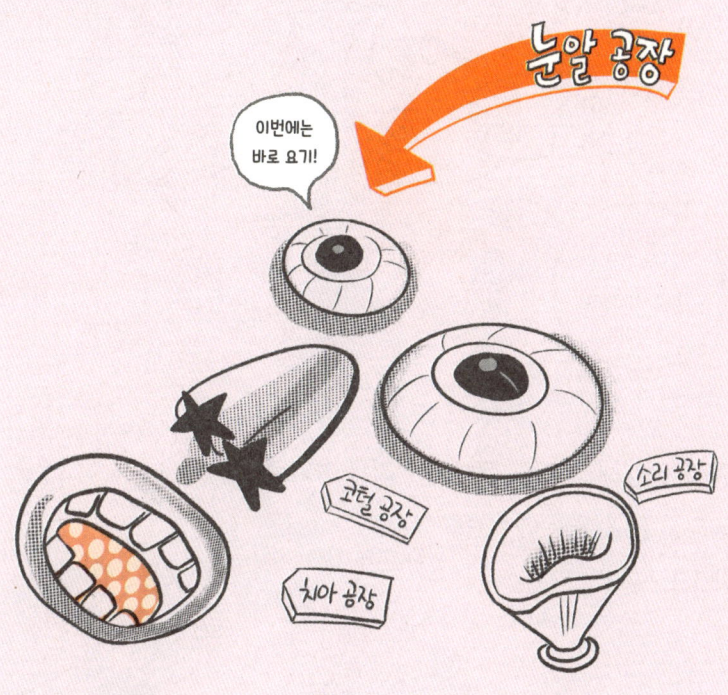

"이제 도착한 건가?"

"야옹~ 이 몸에 점점 더 적응하고 있어!"
"빨리 어떻게 좀 해 봐. 주니, 아니 냥이? 아니, 주니?"

왠지 '야옹~'이라고 해도 무슨 뜻인지 알 것 같아!

으아! 내가 지금 '멍멍~'이라고 그랬어?

"워워, 진정해. 아마도 큐브가 우리를 여기로 데리고 온 것 같은데…. 음, 이건?"
"왜? 또? 뭐?"

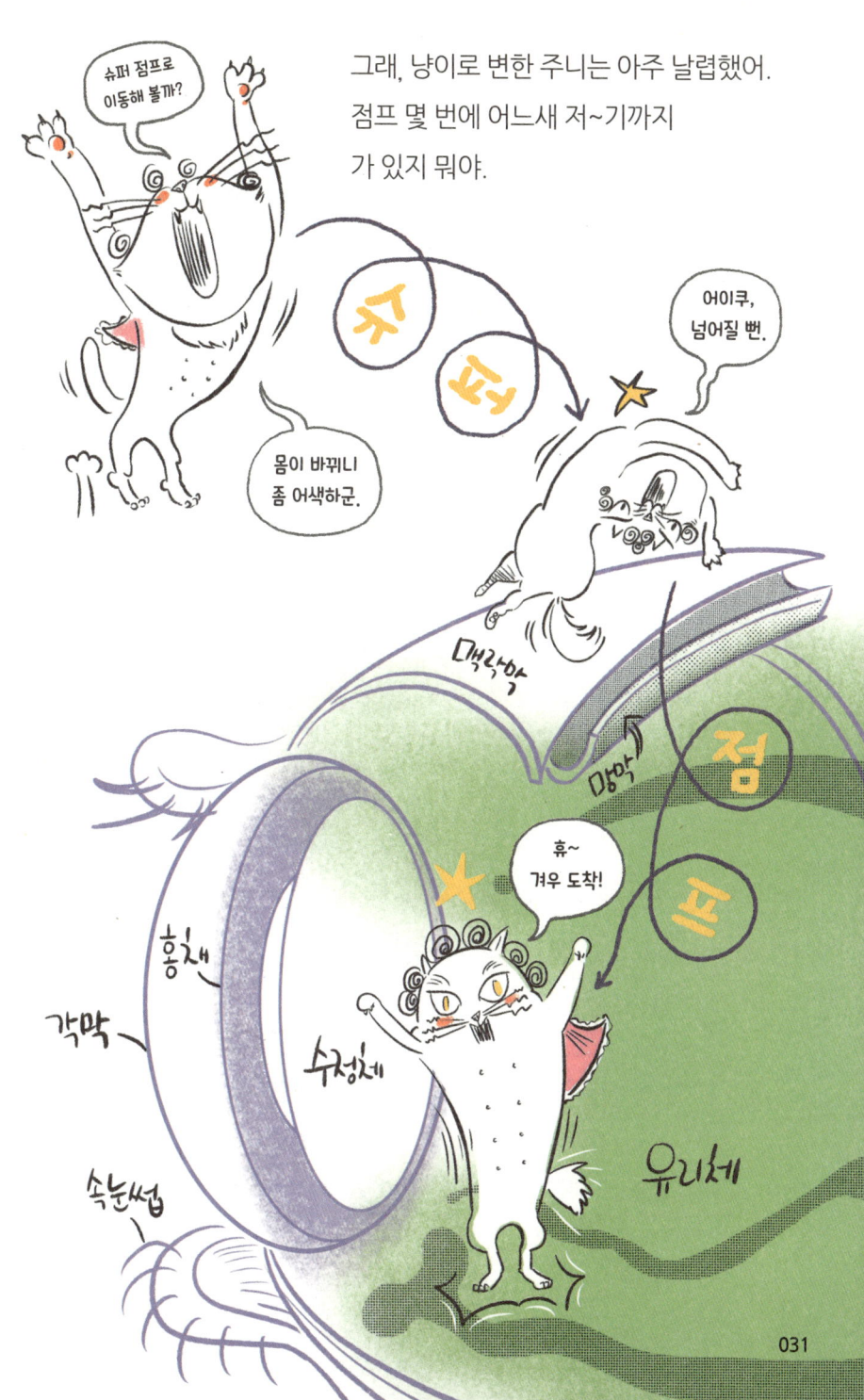

"이건 뭐지? 창문인가? 이중창인 듯 아닌 듯. 정체 모를 이 찝찝함은 뭐지?"
"뭐야? 우리 갇힌 거야? 여긴 어디야?"

그래. 그랬어. 그럼 그렇지. 평범할 리가 없어. 잘 만들던 《규칙 농장》을 버리고 갑자기 인체 동화를 시작할 때부터 알아봤어야 했다고. 하다 하다 이제는 사람의 눈 속에까지 들어오다니!

수학 동화 버린 거 아니라고!

레알? 리얼? 정말? 진심? 눈 속?

레알, 리얼, 정말, 진심, 여기는 눈 속인 것 같아. 흐흐흐, 냥이에서 다시 주니로 돌아가는 데 필요한 열쇠가 바로 이 눈 속에, 그러니까 사람인지 동물인지 헷갈리지만 이 몸속에 있다는 거지.

음, 아주 합리적인 추리였어. 몸은 냥이지만 이 총명함으로 볼 때 나는 초울트라짱 천재 주니가 맞아. 암, 맞고말고.

"그런데 이상해. 눈 속이면 빛이 들어와서 망막에 상을 맺어야 하잖아?"
"뭐야, 그 똑똑한 멘트는? 멍이가 되면서 똑똑해졌나?"
"좀! 들어 봐. 그런데… 빛이 못 들어오는 것 같아."

"흠, 그렇군. 그러고 보니 여기가 눈 속은 눈 속인데 뭔가 이상해. 마치… 공장 같아. 고장 난 눈알 공장?"

"어? 큐브의 색깔이 변했어!"
냥이의 손에 있던 큐브의
한쪽 면이 빨갛게 변해 있었어.
눈 모양이 있는 면이었지.
손잡이도 생겨났어.
"오, 변신 큐브? 대박!"
"눈 모양이 있는 면이 빨갛게 변했다는 건?"
"눈을 고쳐야 한다는 거?"
"정답!"

"그런데 어디가 고장 났는지 알아?"
"그거야 지금부터 찾아야지."

"찾았어! 이 수정체가 문제인 듯. 빛이 수정체를 통과해야 하는데, 이상한 막이 막고 있는 것 같아."

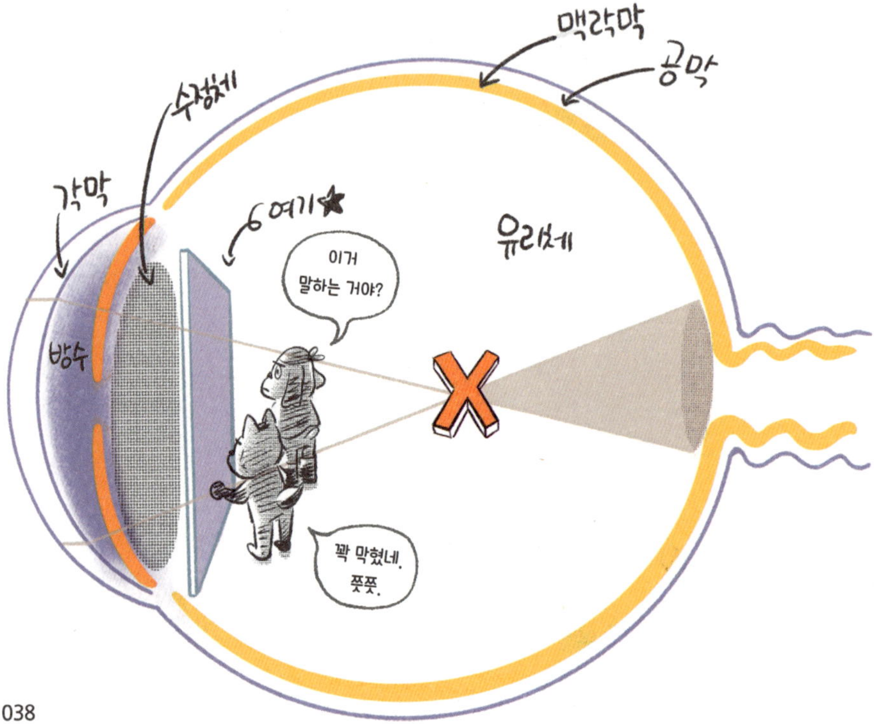

"그런데 이상이 있는 곳을 찾으면 뭐 해?
 넌 지금 냥이니까 주니처럼 발명을 잘하는 것도 아니고,
 없는 게 없는 주머니가 있는 것도 아닌데."
"후훗, 이럴 때를 대비해 숨겨 둔 비밀 무기가 있지.
 바로 귀염뽀짝 헤어롤 속에 숨겨 둔
 〈요리뽕 조리뽕 머리털〉!"
"겨우 그걸로 뭘 하겠다는 거야?"

"그럼… 우리 그냥 냥이와 멍이로 살까?
요즘처럼 반려동물이 인기 있는 시대엔
멍이, 아니 냥이 팔자가 좋은 팔자…."
"뭐? 노노, 그건 안 돼.
그래서 그 〈요리뽕 조리뽕 머리털〉로
뭘 어쩐다고?"

난 지금도 뭐,
나쁘지 않은 것
같은데?

앗, 안 돼.
전봇대만 보면 저절로
한쪽 다리가 올라가면서 쉬….
아니, 그게 아니고, 아무튼
어여 어떻게 좀 해 봐!

"흐흐, 직접 보여 주지."
냥이는 헤어롤 속에 숨겨 둔 머리카락,
아니 머리털 하나를 뽑았어.

"〈요리뿅 조리뿅 머리털〉아,
 수정체를 가로막은 저 막을 없앨
 도구로 변해라. 얍!"

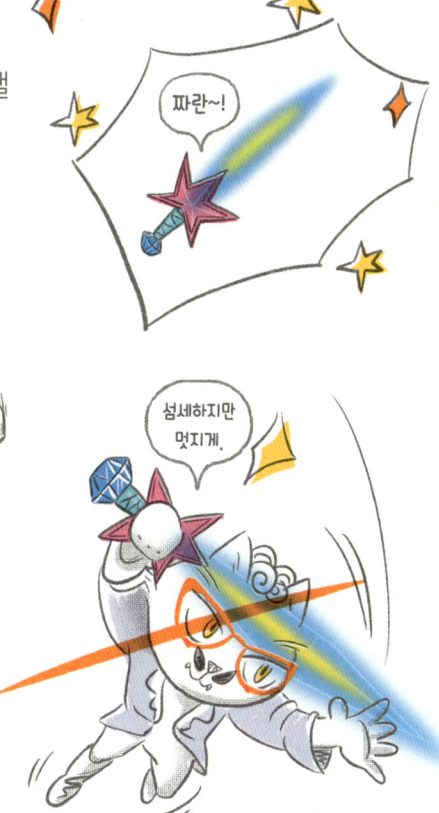

레이저 칼이 수정체를 막은
막을 순식간에 떼어 냈어.
수정체는 하나도
다치지 않게 말이야.

미션 1

미션 키워드 **눈, 굴절**

'눈'으로 물체를 보는 과정을 이해하자!

눈은 우리 몸에서 카메라 같은 역할을 해요.
눈이 물체를 보는 과정을 함께 알아볼까요?

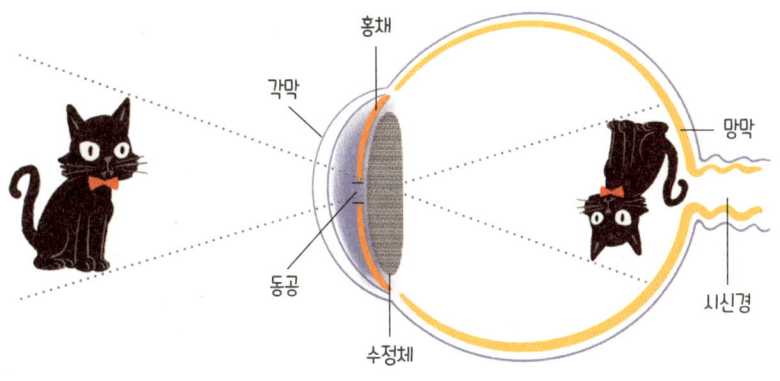

각막은 눈알… 아니 안구 앞쪽의
투명한 막인데, 안구를 보호하고
빛을 망막에 전달하는
창 역할을 하는구나!

미션 2
미션 키워드 **망막**

어떤 물체인지 맞혀 보자!

망막에 맺힌 물체를 보고 어떤 물체인지 그려 보세요.

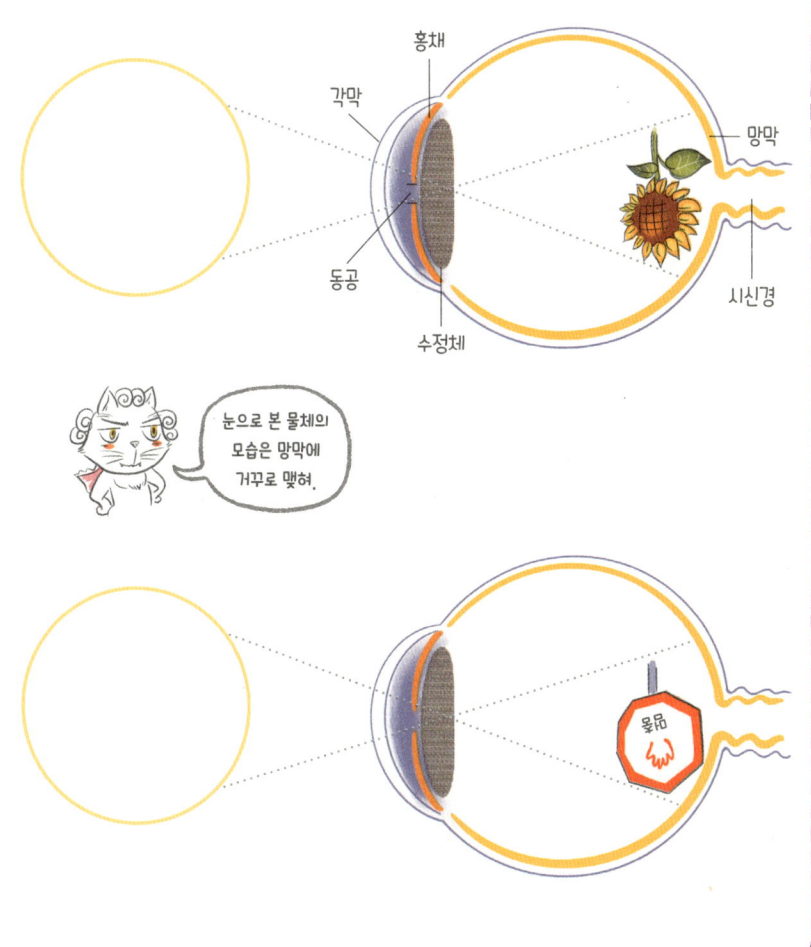

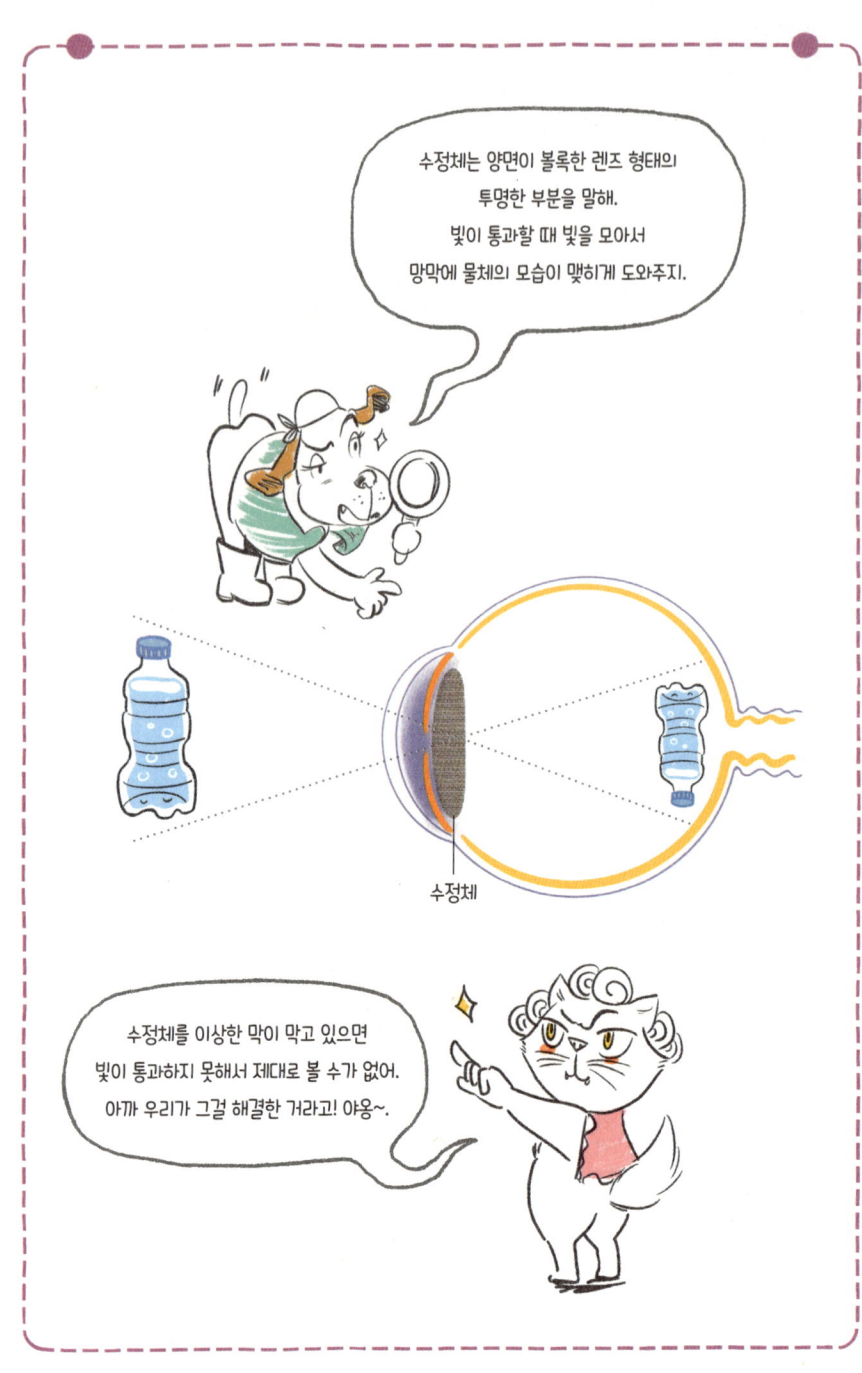

4장
빙글빙글

냥이와 내가 망막에 맺힌 치킨과 떡볶이에
홀려 있을 때였어.

윙~ 윙~!

"이게 무슨 소리지? 냥이 너 설마 스마트폰 가져왔어?
 지금 진동 울리는 거야? 매너 없이.
 소리가 안 나는 무음 몰라? 무음?"

"오! 이 큐브, 진동 모드도 되나 봐!"
"큐브의 빨간색 면이 바뀌고 있어.
 어? 뭐지?"

"그렇지. 시신경을 타고 뇌로 갔다가
다시 청신경을 타고 귀로 가는 거지."
"뭘 타고 뇌로 가서 뭘 타고 귀로 간다고?
냥이야? 냥이? 같이 가!"

"맙소사. 정말 귀네…. 이게 되는 거였어."
"안 되는 게 어딨어. 흐흐, <팜>은 코딩 과학 동화, 수학 동화를 넘어 이제 몸의 신비를 밝히는 초스펙터클 인체 동화까지 범위를 넓혔다고. 다음 시리즈는 말이야. 블라블라~."

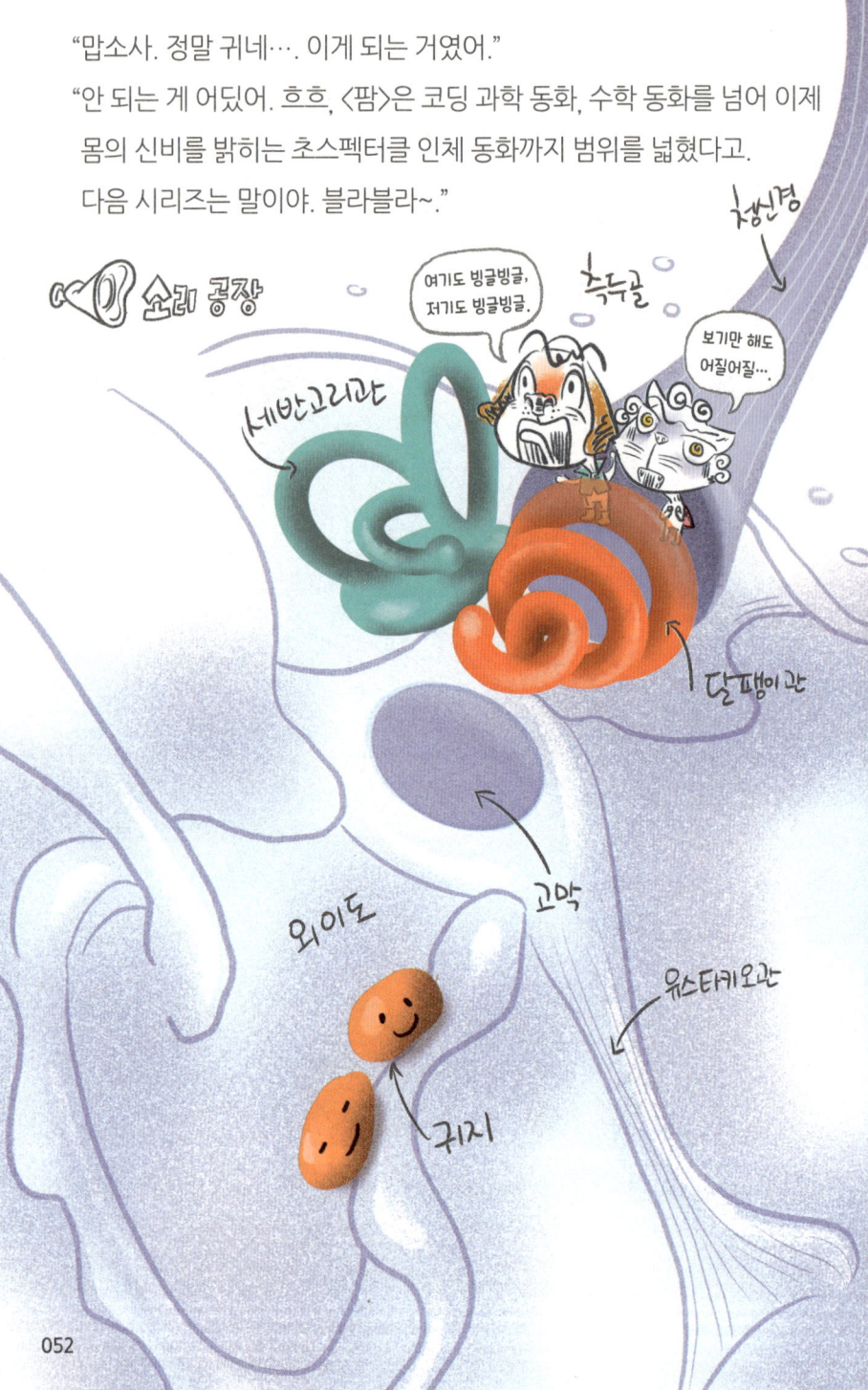

"으… 어지러워. 갑자기 왜 이러지?"
"나도 속이 안 좋아.
 먹은 것도 없는데. 웩!"

"어떻게 좀 해 봐…. 냥이야. 으… 귀에 왔는데 왜… 어지러운 거야?
 정신을 못 차리겠…어…."
"나도 모르…겠…어. 으… 일…단 불러야겠다…."

"〈요리…뽕 조…리뽕… 머리털〉아, 우리…를 도와줄 아무…거나로… 변신해라. 얍!"

"뭐야? 더 어지러워…. 이게 아…니, 웩!"

"〈요리…뽕 조리뽕 머리털…〉아, 우리…를 도와줄 …의사, 그래, 의사가 좋겠어. 의사로… 변해라. 얍!"

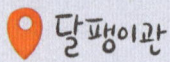
달팽이관

"선생님, 어디 가…셨어?"
"뭔 고리 속에… 뭐가 떨어져?
 치료…를 해 주고…가셔야지. 여보세요?"
"〈요리뽕 조리뽕 머리털〉이 다 좋은데
 지속 시간이 좀 짧아….
 일단… 원인은 알았군."
"무슨… 말인지… 알아들었어…?"
"저… 반지처럼 생긴 게 세반고리관…인데,
 저 속에 이석이 돌아다녀서…
 어지럽다는… 거야."

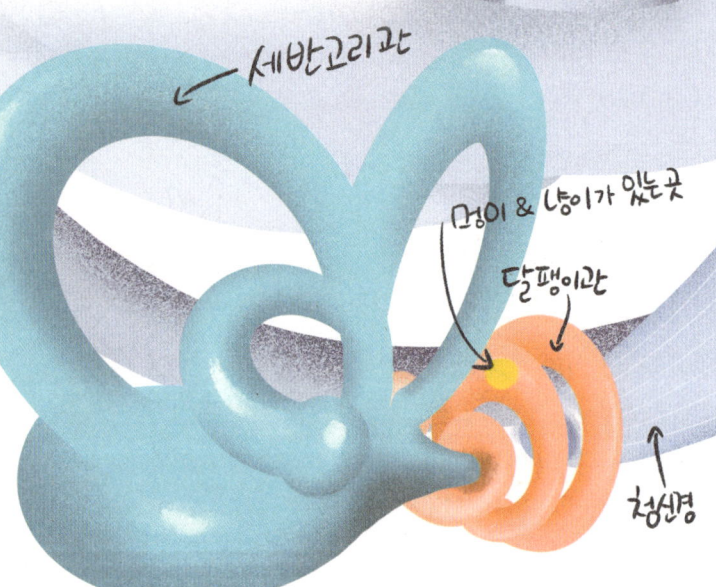

"요리뿡, 조리뿡… 방귀뿡?
저 이석을 제자리로 돌려보내라. 얍!
뭐, 이렇게 하려고? <u>흐흐흐.</u>"

"오~ 멍이 너한테 이런 능력이 있었어?"
"응…. 그런가 봐.
나한테 이런 능력이 있나 봐. 오!"

"냥이야, 어떻게 됐어?"
"이제 안 어지러워. 휴, 살 것 같네."
"어? 정말! 괜찮아졌어!"

미션 3 — 미션 키워드 귀, 고막

소리를 듣는 '귀'에 대해 알아보자!

귀는 소리를 듣게 해 주는 아주 중요하고 소중한 감각 기관이에요.
그렇다면 귀로 어떻게 소리를 들을 수 있는지 함께 알아볼까요?

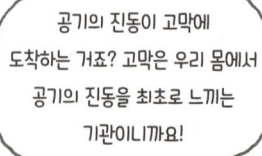

공기의 진동이 고막에 도착하는 거죠? 고막은 우리 몸에서 공기의 진동을 최초로 느끼는 기관이니까요!

허허. 똑똑한 고양이로구나. 맞단다. 고막이 진동하면 그 뒤에 바로 붙어 있는 귓속뼈가 진동을 더 크게 만들어 주지.

사실 저는 고양이가 아니라 우주 최강 천재 주니….

그렇게 커진 소리의 진동은 달팽이관에 있는 청각 세포로 전달된단다. 그런 다음, 너희들이 이동했던 청신경을 통해 뇌로 전달되지.

그렇군요! 그런데 선생님 제가 멍이로 변신한 뒤… 그러니까 강아지가 된 뒤로 사람보다 훨씬 더 소리를 잘 듣는 것 같아요. 저~기 멀리서 나는 소리도 다 들리거든요.

사람은 일반적으로 20~20,000Hz(헤르츠)까지 듣고, 강아지는 일반적으로 67~45,000Hz까지 듣는단다. 사람보다 4배 먼 거리에서 나는 소리까지 들을 수 있지.

겨우? 고양이는 45Hz에서 64,000Hz까지 들을 수 있다고. 쉽게 말해 아주 높은 음역대의 소리도 잘 듣지. 음하하하~. 역시 난 어디든, 뭐가 됐든 최고야. 우주 최강이지.

 미션 키워드 **이석증**

몸의 균형 감각을 확인해 보자!

귀는 소리를 듣게 해 줄 뿐 아니라 우리 몸이 균형을 잡을 수 있게 해 주어요. 그런데 귀 건강에 문제가 생기면 이석증과 같은 병이 생기기도 해요. 다음 이석증 체크 리스트를 보고 부모님과 함께 진단해 보세요.

체크 리스트

이석증 자가 진단

- ☐ 고개를 숙였다가 들 때 순간적으로 어지럼증이 생긴다.
- ☐ 아침에 일어날 때 갑자기 어지럽다.
- ☐ 누워서 고개를 돌리면 어지럽다.
- ☐ 눈 떨림 증상이 있다.
- ☐ 어지럼증과 함께 가슴이 두근거리거나 토할 것 같은 느낌이 든다.
- ☐ 머리를 움직이지 않고 가만히 있으면 증상이 사라진다.

※위와 같은 증상이 있다면 병원에 가서 정확한 진단을 받아 보세요!

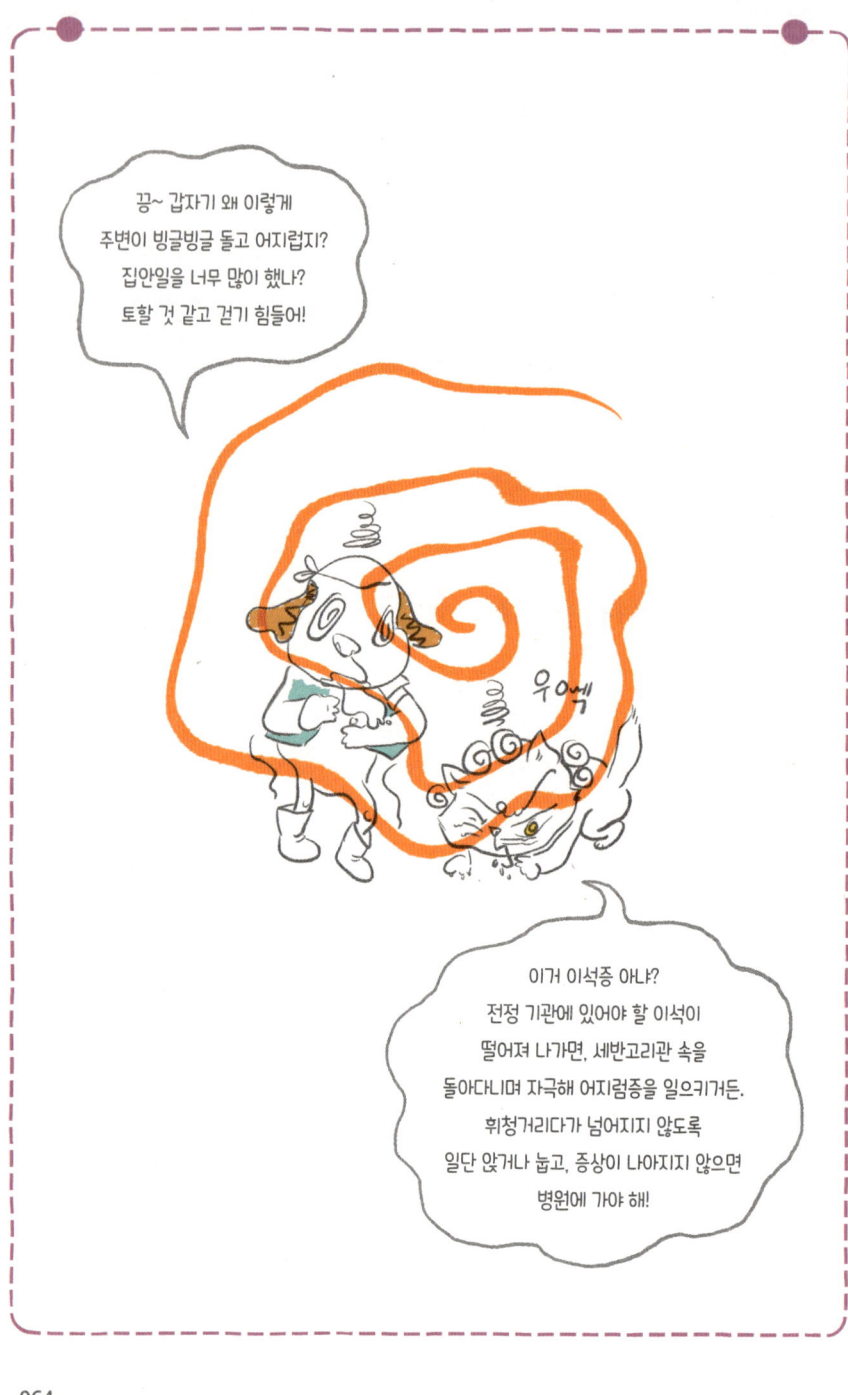

5장
코털이 너무해

"휴,
그럼 이제 다 해결된 건가?"

"응? 이건 뭐지? 지진?"
"설마 큐브의 진동이 이 정도로 센 거야?"

"이제 소리 공장이 제대로 돌아가나 봐!
 공기의 진동으로 고막이 떨리는 거야."
"대박! 신기하다. 큐브 색깔도
 다시 파랗게 바뀌었어!"

"야옹, 그럼 다시 출발해 볼까?"
"그런데 이렇게 하나씩 문제를 해결하면 우리 몸으로
 돌아갈 수 있는 거 맞아?"
"흐흐, 난 그것보다 이 큐브의 비밀이 더
 궁금하다고!"

나는 꽁꽁 묶인 몸을 흔들어서
역시 꽁꽁 묶인 냥이를 샌드백처럼 치기 시작했어.
뭐, 별 효과는 없었지만 말이야.

"좋아, 그럼 나도.
요리뽕 조리뽕 방귀뽕!"

그런데… 냥이의 말을 들은 걸까?
포도알 괴물처럼 생긴 물혹들이 점점 더 부풀어 오르지 뭐야.
그것도 엄청난 속도로!

"헉! 헉! 하나로는 도저히 안 되겠어. <요리뽕 조리뽕 머리털>아, 저 물혹을 없앨 도구로 변해라. 얍!"
"요리뽕 조리뽕 방귀뽕뽕뽕! 저 물혹을 없앨 도구로 변해라. 얍!"
냥이가 머리털을 날리니, 이번에는 밧줄이랑 수술용 못 같은 도구가 나타났어. 그러더니 순식간에 물혹을 묶고, 터뜨리고, 지져서 없애기 시작했어!

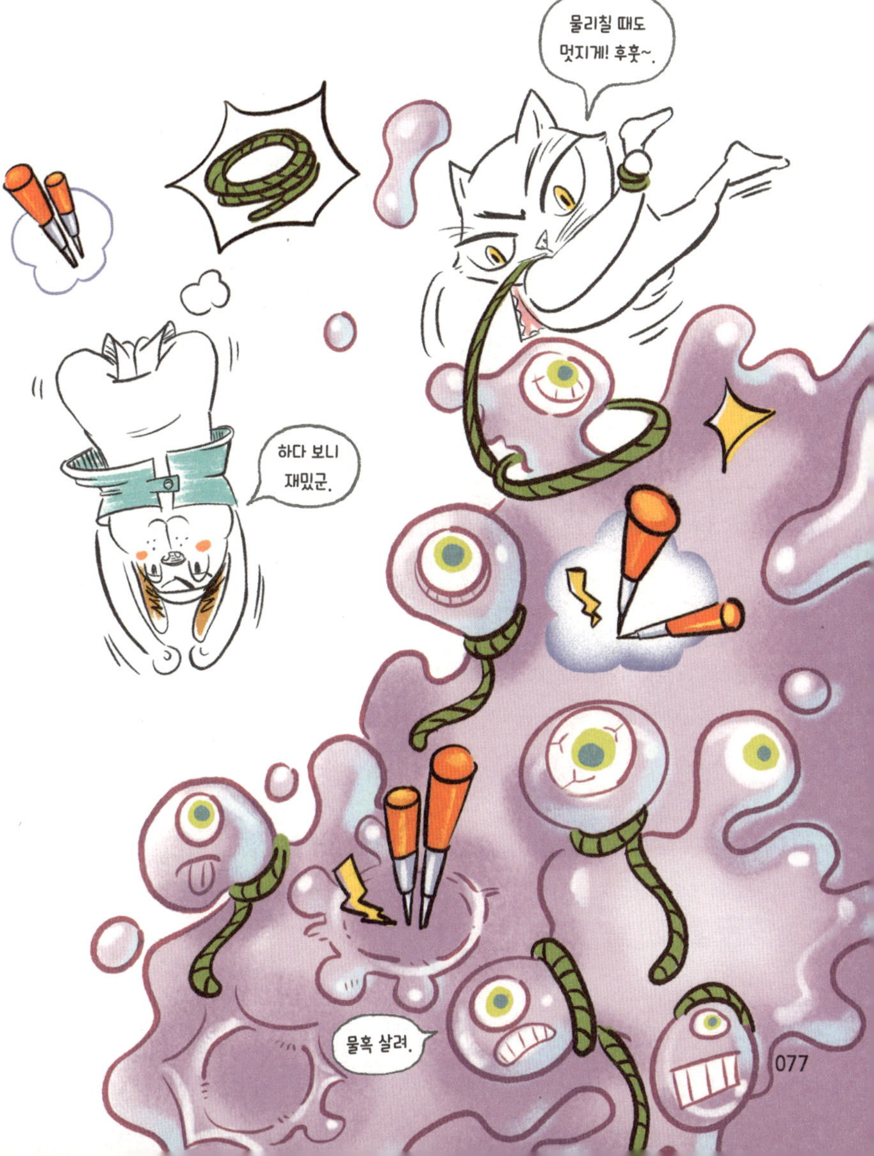

"물혹 괴물 퇴치 성공!"

미션 5

미션 키워드 코

냄새를 맡는 '코'에 대해 알아보자!

코는 숨을 쉬는 호흡 기관인 동시에 냄새를 맡는 감각 기관이에요.
코로 어떻게 냄새를 맡을까요?

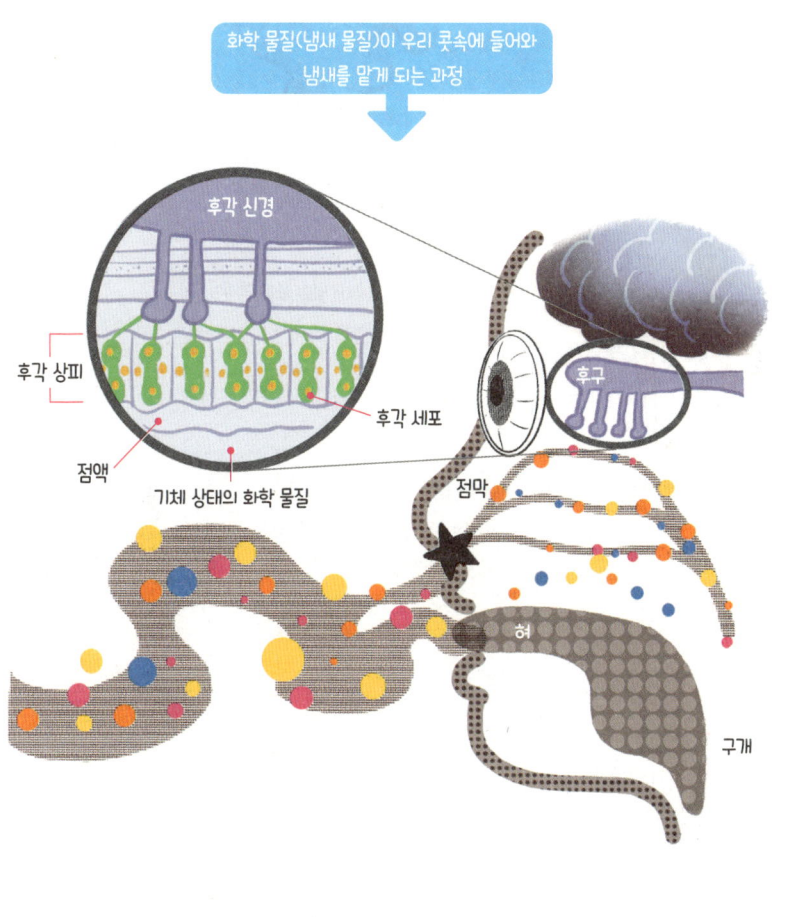

강아지가 되니 잘 들릴 뿐 아니라 냄새도 엄청 잘 맡게 됐어.
저 멀리 있는 캐러멜 냄새까지 맡을 수 있다고. 그나저나
먹지도 못하고 냄새만 맡아야 하니 괴로운걸.
그런데 냄새는 어떻게 맡는 거지?

호호. 정확하게 말하면 코 안쪽 천장에 있는 후각 세포가 냄새를 맡는 거야.
콧속으로 냄새의 원인이 되는 화학 물질이 들어오면 점액층에 녹아들지.
그리고 후각 세포와 결합하거든.

오~ 그럼 후각 세포가 뇌에 알려 주는 건가?

그렇지. 후각 세포가 뇌에 신호를 보내면 뇌가 판단해.
이 냄새가 이전에 맡아 본 냄새인지 아닌지,
캐러멜 냄새인지 개똥 냄새인지 알아차리는 거지.

으악, 개똥 냄새는 노노!
지금껏 코딱지 냄새를 맡은 것만으로도 충분하다고!

미션 6   미션 키워드 **코 호흡, 입 호흡**

코로 숨을 쉬는지 확인해 보자!

다음 그림에서 코로 숨 쉬는 경우에는 ○에 초록색을 칠하고, 입으로 숨 쉬는 경우에는 빨간색을 칠하세요.

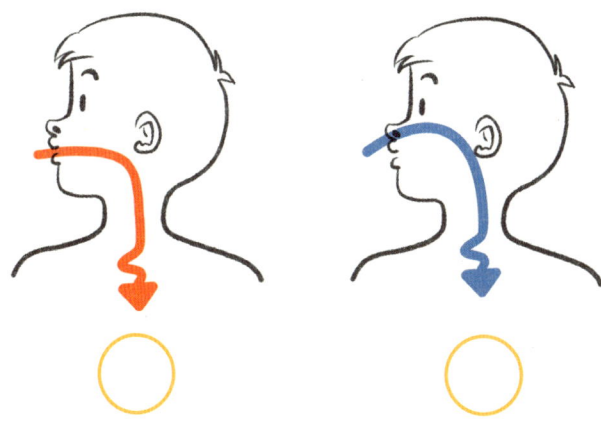

코로 숨을 쉴 때(코 호흡)와 입으로 숨을 쉴 때(입 호흡)는 어떤 차이가 있을까요? 빈칸에 들어갈 말을 잘 생각해 적어 보세요.

> ☐ 호흡을 하면 공기 속에 있는 나쁜 물질이나 건조하고 차가운 공기가 폐로 직접 들어갑니다. 또, 공기를 따뜻하게 데우지 못해 입속이 건조해지고 침이 잘 나오지 않아 세균을 내보내는 기능을 잃을 수도 있지요.
>
> 이에 반해 ☐ 호흡은 코털이나 점액으로 이물질을 걸러내고, 공기를 따뜻하게 데우며, 습기를 머금은 공기가 폐로 들어가도록 해 줍니다.

코와 입은 몸에서 세균이 침입하기 가장 쉬운 입구야. 코는 오염된 공기를 내뱉고, 찬 공기가 직접 몸으로 들어가지 않도록 습도와 온도를 조절해서 들여보내. 콧속으로 침입한 세균이나 먼지, 집먼지진드기 등은 코털과 점액에 걸려 안쪽으로 들어가지 못하고 콧물, 코딱지 등의 형태로 밖으로 나오지. 어때, 훌륭하지?

입이 아닌 코로 호흡하는 게 왜 중요하다고 했지?

잘 배웠나 확인!

6장
앞니 옆에 앞니, 그 옆에 또 앞니

"오~ 콧속이 한결 쾌적해졌어.
코털 공장 말고 새털 공장으로
이름을 바꿔도 될 듯!"

"글쎄, 나는 얼굴 공장 말고 평화로운 나의 지하 농장, 하늘 농장, 우주 농장, 바다 농장, 숫자 농장, 도형 농장, 규칙 농장…. 헥헥, 또 뭐가 있지? 아무튼 농장으로 돌아가고 싶다고!"

"〈팜〉? 흐흐,
깜빡 잊고 있었네.
그럼 〈팜〉 속 거니와 주니
몸속에도
멍이와 냥이가
들어 있나?"

"오 마이 갓! 그런 끔찍한 소리를 하다니. 어서 서둘러야겠어.
다음 공장으로 고고!"

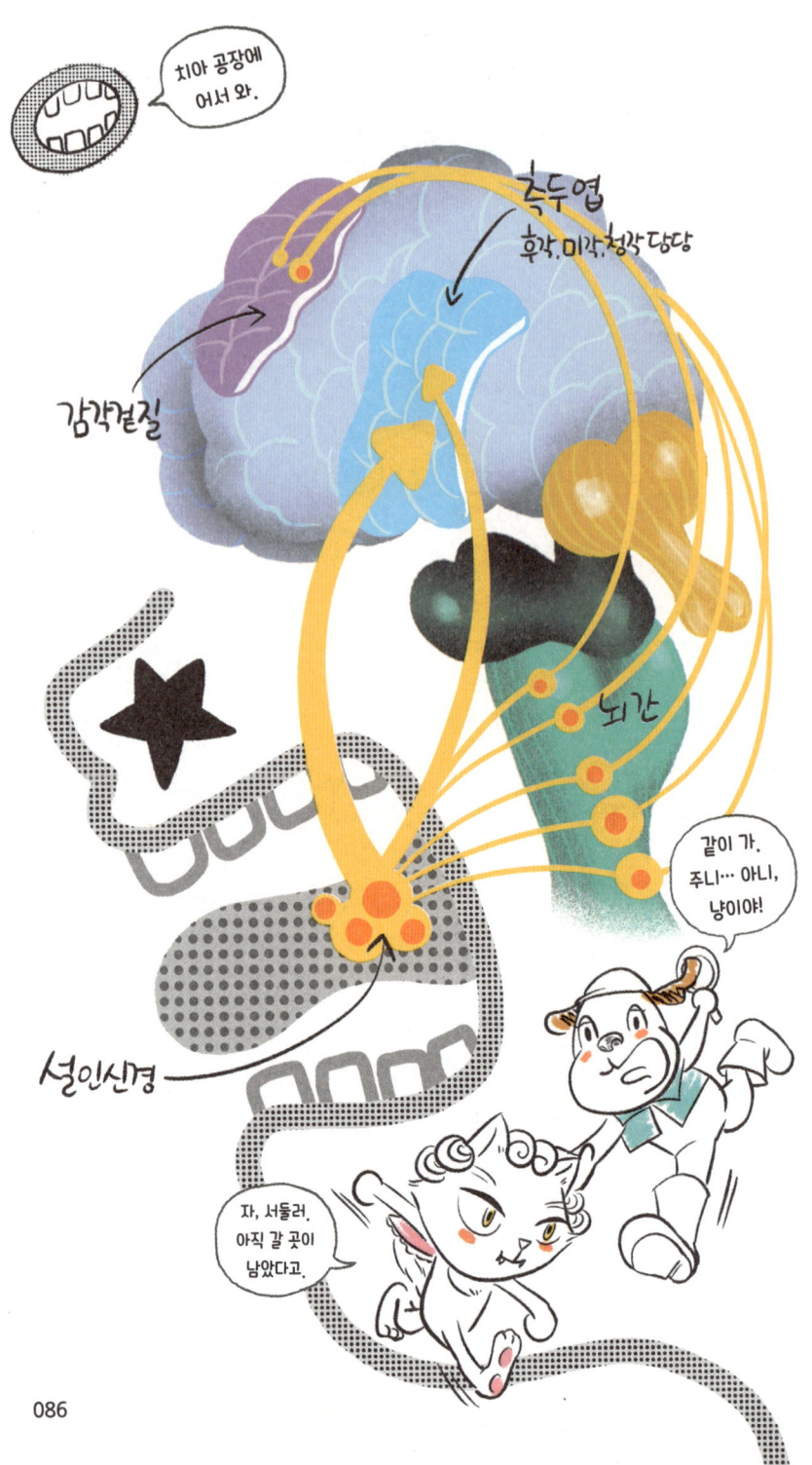

냥이가 치아 근처로
킁킁거리며 다가갈 때였어.
입이 쩍 벌어지더니 두툼한 고기 한 점이 입속으로 들어왔지.

"어? 내가 좋아하는 고기! 앗싸!"
"오~ 완전 좋아."

그런데 이게 웬일이야. 치아가 아무리 열심히 움직여도 고기를 제대로 자르거나 씹을 수 없었지.
"뭐지? 이 비효율적인 움직임은?"
"멍멍, 배고픈데."
"뭔가 이상하지?"
"응, 이상해."
그랬어. 자세히 보니 치아가 모두 똑같이 생긴 거야! 앞니만 가득했어. 그러니까 앞니 옆에 앞니, 그 앞니 옆에도 앞니. 그 옆에도 또 앞니!

"이럴 수가 있어?"
"이럴 수는 없지."
"멍이야, '아' 해 봐."
"아, 아?"

"강아지는 이빨이 이렇게 생겼구나. 오, 신기한데."
"어~어~?(모양이 어떤데?)"

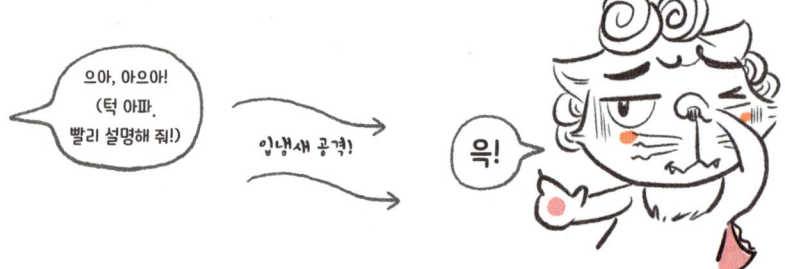

"강아지도 어금니가 있는데, 이 입속의 치아들은 죄다 앞니야. 이게 말이 돼?"

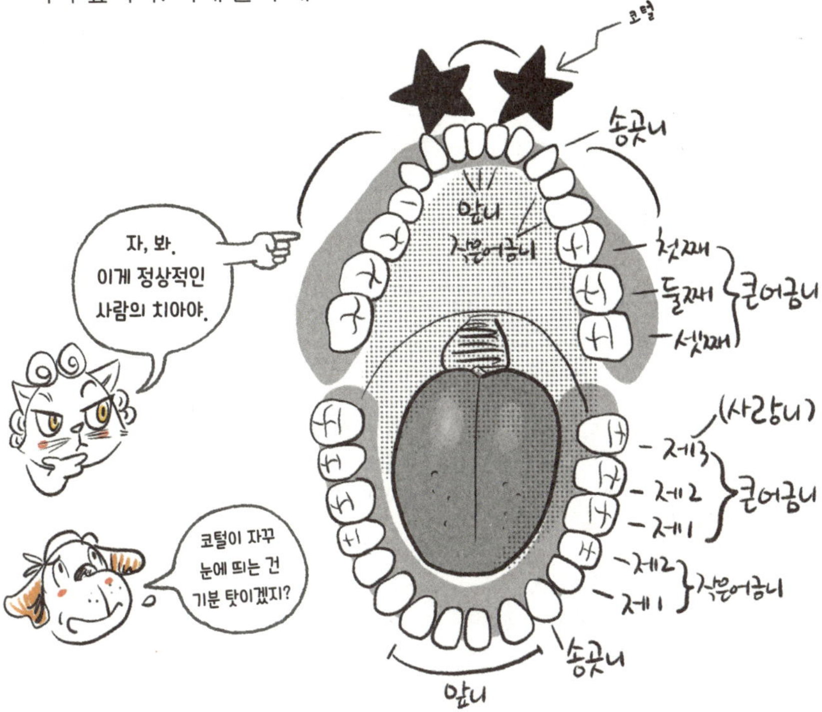

"말이 안 되지. 에구, 턱이야."
"치아의 모양을 제대로 돌려놔야겠어. 음… 뭘 불러야 하나. 에이, 모르겠다. 〈요리뽕 조리뽕 머리털〉아. 치아를 잘 다듬어 줄 누군가로, 망치질을 잘하는 사람으로 변해라. 얍!"

"휴, 무서워서 혼났네. 정말 무시무시한 망치야."
"주문을 잘 외워야겠군. 야옹.
 그럼 이제 고기를 먹어 볼까? 흐흐."

"치아 공장이 제일
 좋은 것 같아. 멍멍."

"흐흐, 그럼 여기에 눌러앉을까?
 냥이와 멍이로? 야옹."

그때였어.
냥이의 주머니 속 큐브가 또 한 번 반짝였지.

"어, 이상한데? 뭐야?
큐브의 입 모양이 왜 또 반짝이는 거야?"

미션 키워드 **치아, 사랑니**

미션 7

치아의 모양과 역할을 알아보자!

치아는 역할에 따라 모양과 위치가 달라요.
각각 어떤 역할을 하는지 살펴볼까요?

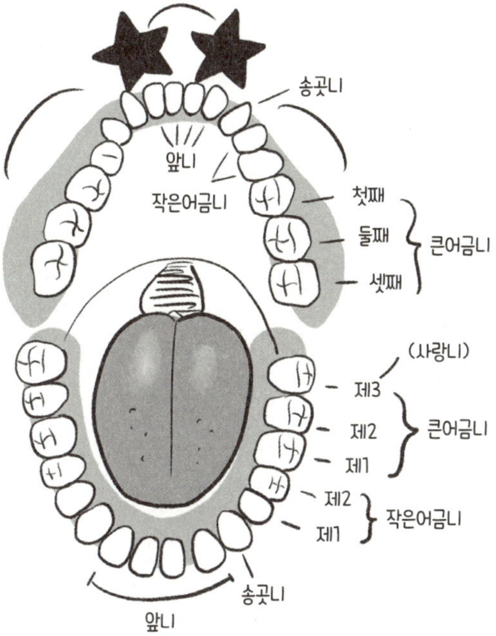

- 송곳니
- 앞니
- 작은어금니
- 첫째 / 둘째 / 셋째 } 큰어금니

- (사랑니)
- 제3 / 제2 / 제1 } 큰어금니
- 제2 / 제1 } 작은어금니
- 송곳니
- 앞니

뭐야? 무슨 이빨이 이렇게 많아?

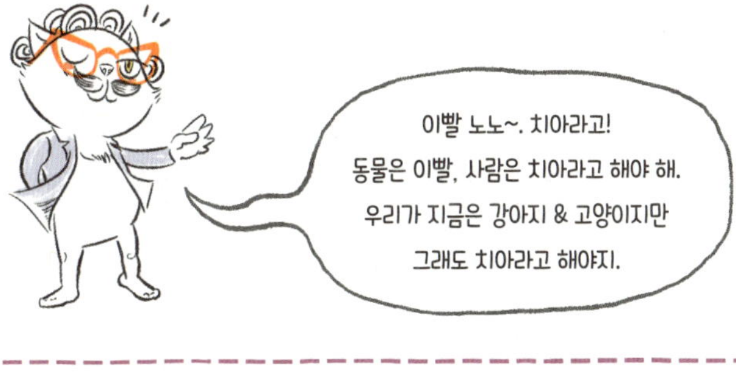

이빨 노노~. 치아라고!
동물은 이빨, 사람은 치아라고 해야 해.
우리가 지금은 강아지 & 고양이지만
그래도 치아라고 해야지.

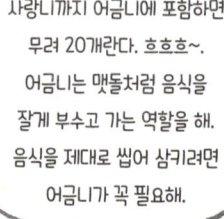

미션 **8** ---- 미션 키워드 **충치**

치아에 좋은 음식 vs 나쁜 음식

치아에 좋은 음식과 나쁜 음식에는 무엇이 있을까요? 부모님과 이야기를 나누며 함께 찾아보고, 이름을 쓰거나 그림으로 그려 보세요!

7장
누구냐, 넌?

"멍멍. 뭐? 큐브의 입 모양이 또 반짝였다고?"
"응, 왜 또 입인 거야?"

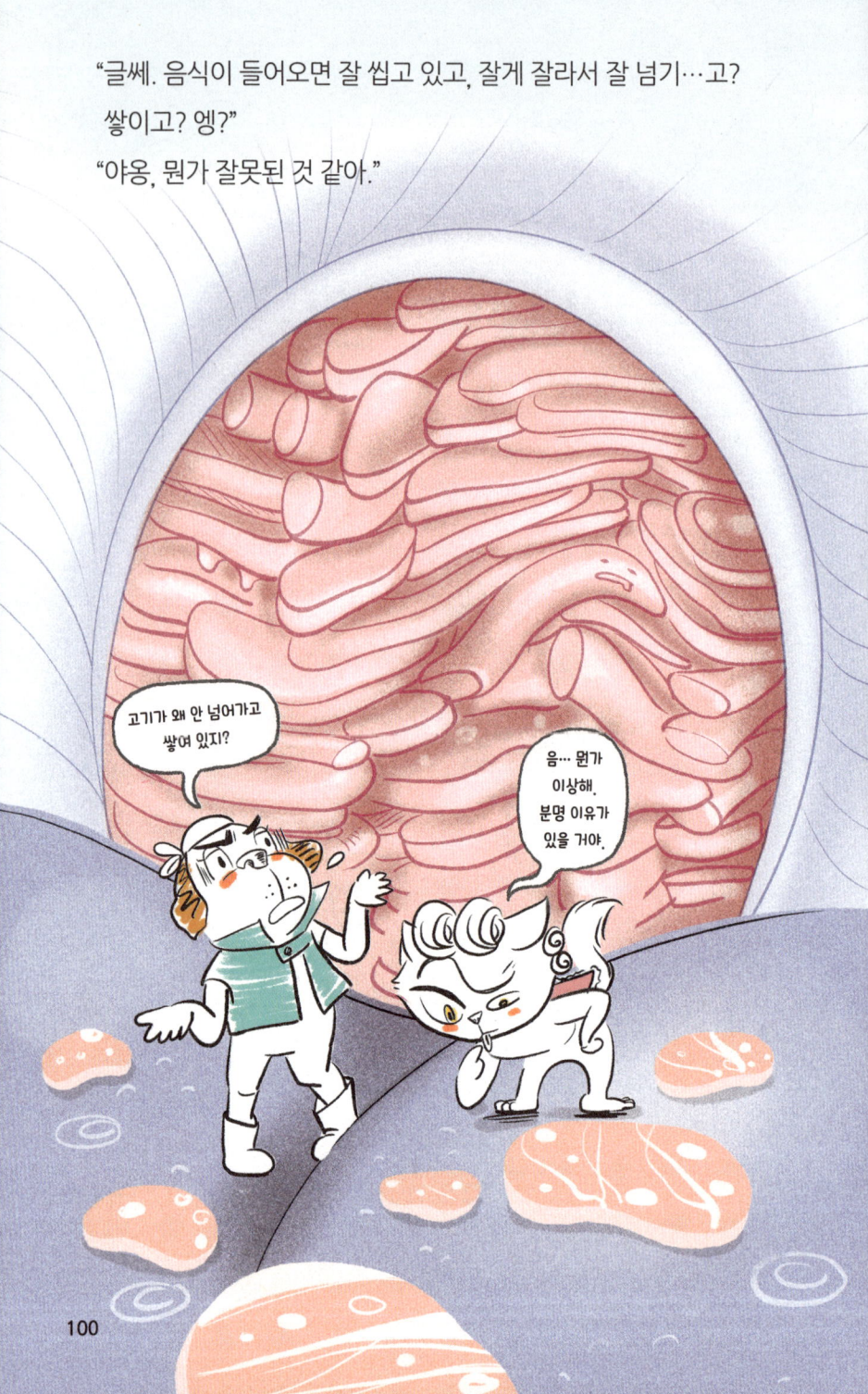

"음… 이 맛은 말이지?"
"냥이 너 지금 뭐 하는 거야?
 손가락 저리 치워."

"우리 혀는 이렇게 단맛, 짠맛, 신맛, 쓴맛, 감칠맛을 느끼지.
 혀의 위치별로 특정한 맛에 더 민감하긴 하지만, 아주 미미해.
 즉, 혀의 모든 부위에서 맛을 느낄 수 있지."

"그리고 이렇게 맛을 느끼는 혀가
 음식물을 옮기는 역할도 한다는 말씀!"
"그런데?"

"그런데라니.
 혀에 무슨 문제가 생기면 맛도 제대로
 못 느낄 거고, 음식물도 못 옮기지 않겠어?
 아, 이 예리한 추리 능력!"
"그렇게 예리한 것 같진 않은데….
 그래서 혀에 무슨 문제가 있다는 거야?"
"야옹, 그건 지금부터 알아봐야지."

"흠… 그러고 보니 이게 뭐지?"
"뭐? 왜? 어떤 거?"

"우리가 고기를 먹을 때 사용했던 딱딱한 식탁인 듯 식탁 아닌 이것."

"그런데 왠지 내가 점점 작아지는 것 같은 이 느낌은 뭘까?"
"정체 모를 이것이 점점 더 커지는 것 같은 느낌적인 느낌?"

그랬어. 점점 더 커지는 정체 모를 괴물 같은 바윗덩어리는 야금야금 혀를 집어삼키고 있었어. 한쪽에서는 쓰레기 산처럼 쌓인 음식들이, 한쪽에서는 점점 바위 괴물이 되어 가는 혀가 냥이와 날 집어삼키려고 했지.

"으악, 점점 더 커져. 혀가 바위 괴물이 되어 버렸어. 어떻게 좀 해 봐!"
나는 냥이에게 소리쳤어.
"그런데 내가, 지금, 꼼짝을, 못, 하겠어."
뒤를 돌아봤더니 냥이가 바위처럼
변하는 게 아니겠어?

"어쩌지? 오, 신이시여. 제가 어찌해야 하나요?
 침착해야 해. 침착! 자, 심호흡을 하고 배에 힘을 모아서

요리뿡 조리뿡 방귀뿡!

저 바위 괴물을 없앨 폭탄아,
나와라. 얍!"

"콜록콜록. 응? 왜 그대로지?
뭐지? 뭐지? 뭐가 필요한 거지? 다시, 다시. 집중, 집중.
저 바위 괴물을 없애야 해. 뭐가 필요할까?
나는 원래 거니! 동식물 박사 거니잖아!
그래, 바위를 갉아 먹는 배좀벌레!
배좀벌레가 필요해!"

"요리뿡 조리뿡 방귀뿡뿡뿡!
저 바위 괴물을 없앨
배좀벌레야, 나와라. 얍얍얍!"

"배좀벌레로도 안 돼?
그럼 뭐지?
혀에 생기는 괴물 같은,
딱딱한, 혀를 굳게 만드는….."

드디어 알아낸 것 같아.
혀를 야금야금 굳히던 바위 괴물의 정체를 말이야.
"암이라고? 그럼 어쩌지?
 암이면 뭐가 필요하지? 에이, 모르겠다.
 요리뿡 조리뿡 방귀뿡뿡뿡!
 암을 없앨 수 있는 것들은
 다 나와라. 얍!"

우리 몸을
건강하게 하는 건
모조리 출동!

"윽, 이번 방귀는 독했나? 냄새가 왜 이리 지독하지?"
"치료되면서 나는 거니까 참으라고. 야옹."
"냥이 너 돌아온 거야? 엉엉.
 네가 꼼짝없이 바위 괴물이 되는 줄 알았지 뭐야.
 갈 때 가더라도 큐브는 놓고 가야지."
"그럼 그렇지. 쩝."

혀도 암에 걸릴 수 있다고?

잘 알려져 있지는 않지만 혀도 암에 걸릴 수 있어요.
혀에 생기는 암을 설암, 또는 혀암이라고 해요.
혀암의 원인과 증상을 살펴볼까요?

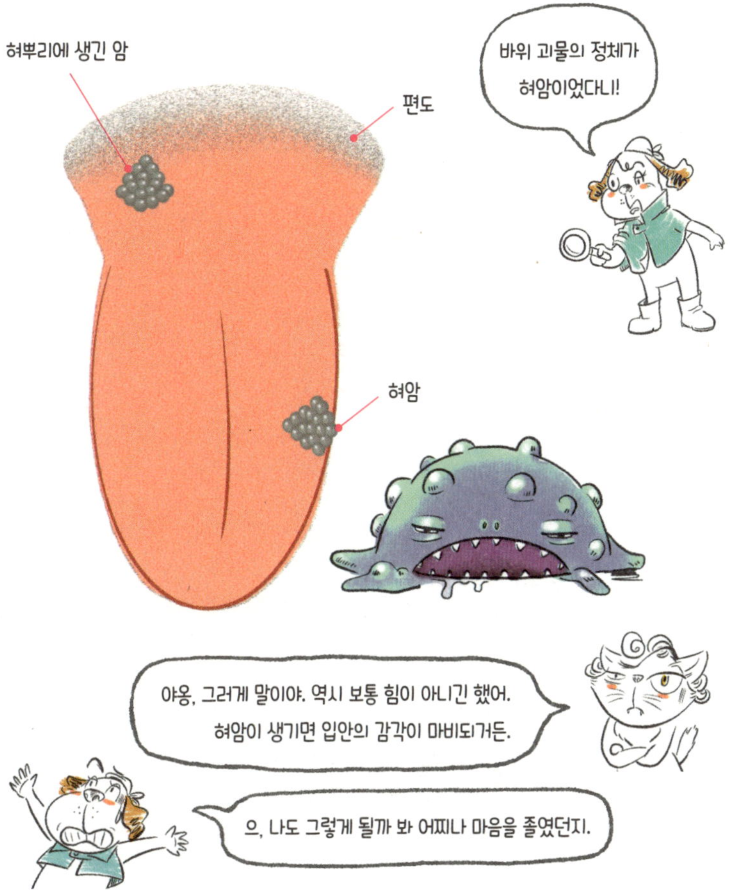

혀뿌리에 생긴 암

편도

혀암

바위 괴물의 정체가 혀암이었다니!

야옹, 그러게 말이야. 역시 보통 힘이 아니긴 했어. 혀암이 생기면 입안의 감각이 마비되거든.

으, 나도 그렇게 될까 봐 어찌나 마음을 졸였던지.

미션 10 미션 키워드 맛

단맛을 찾아보자!

우리의 혀는 단맛, 짠맛, 신맛, 쓴맛, 감칠맛을 느낄 수 있어요.
다음 음식 중에서 단맛이 나는 것은 무엇일까요? 단맛이 나는 것에
○ 표시를 하세요.

8장
목성 탈출

"큐브를 꺼내 봐, 빨리!"

"멍이 너 진심, 레알, 내 걱정은
 1도 안 한 거야?"

"냥이 넌 주니니까 지옥 불에서도 살아 돌아올 텐데. 뭔 걱정이래."
"뭐, 내가 좀 그렇긴 하지. 야옹.
 비록 지금은 연약한 냥이의 모습이지만… 블라블라~."
"어? 큐브가 변했어!"

"흐흐, 얼굴 공장에 이어 이제는
몸통 공장의 시작인가?"
"몸통 공장? 얼굴 공장보다 뭔가
규모가 클 것 같은데…."

"그럼 더 좋지. 멍이 넌 몸통 속에 뭐가 있는지 궁금하지 않아?"
"아니. 조금도, 전혀."
"어디서 많이 들어 본 대사인 것 같군. 야옹!"
"나도 잠깐 헷갈렸어. 지금 나는 거니가 아니라 멍이였지? 멍멍."

"그럼 저기 목구멍 속으로 들어가 볼까?"

"여기가 목구멍? 어디서 많이 본 것 같은데.
우주 농장에서 봤던 목성 같기도 하고,
지하 농장 속 동굴 입구 같기도 하고….."

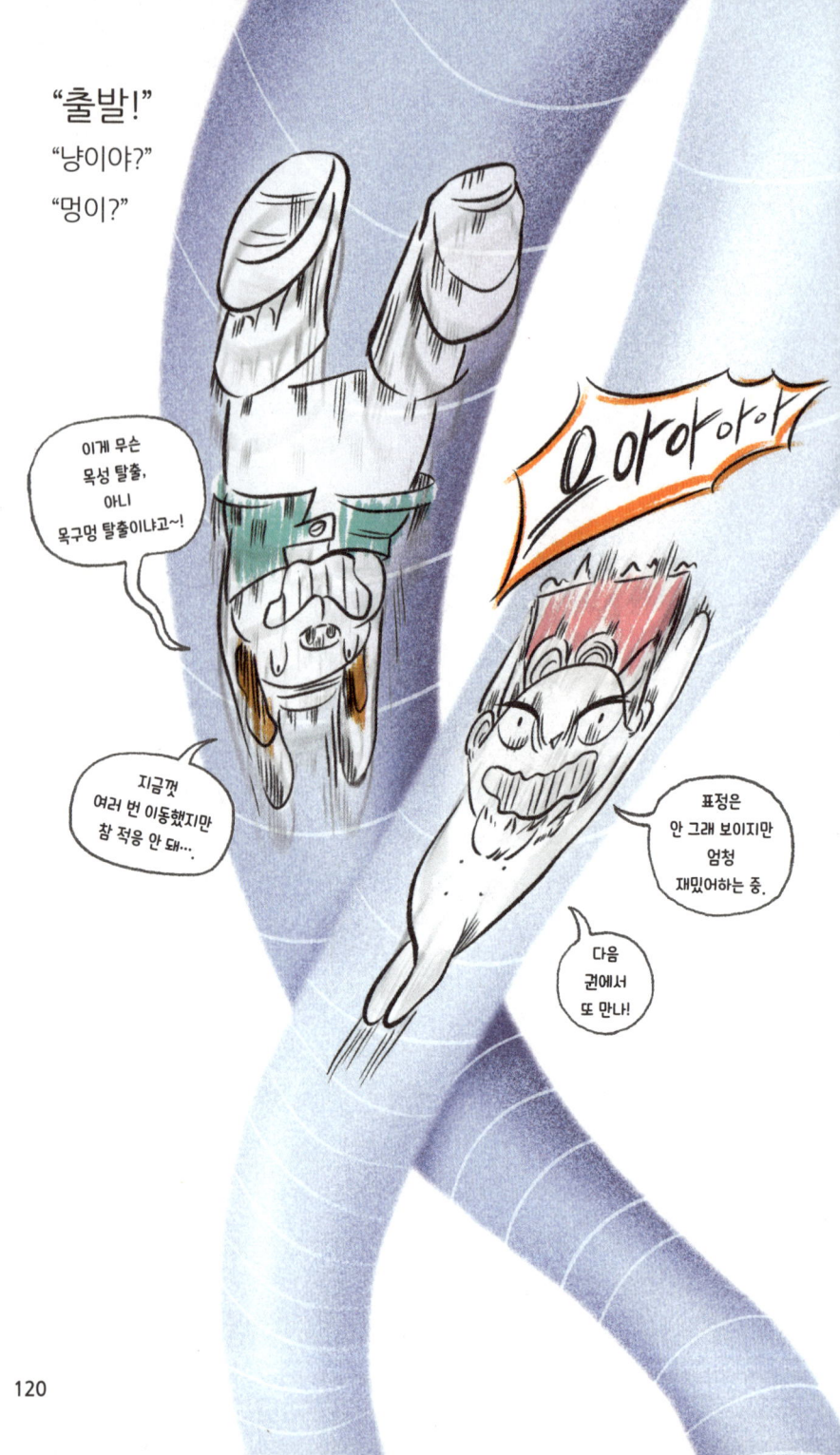

주니와 거니가 사라졌다고? 언제? 어디로? 왜?

어느 날 갑자기 멍이와 냥이가 되어 버린 주니와 거니! 게다가 이번에는 농장이 아니라 '얼굴 공장'? 평생 멍이와 냥이로 살아야 할지도 모른다니…. 오, 마이, 갓!

이상한 막에 가려 빛이 들어오지 못하는 눈알? 요상한 포도알 괴물의 정체는? 앞니 옆에 앞니, 그 옆에 또 앞니? 단단한 바위 괴물이 되어 가는 혀의 천적은 누구? 도저히 빠져나올 수 없을 것만 같이 복잡하고 어지러운 이곳이 바로 얼굴이라니!

얼굴 속에 뼈와 살, 피… 뭐 이런 것만 있느냐고요? 노노! 그럴 리가요. 냥이의 꼬불꼬불 〈요리뽕 조리뽕 머리털〉과 멍이의 〈요리뽕 조리뽕 방귀뽕〉이 만나면 무엇이든 척척 만들 수 있고, 누구든 슝슝 등장시킬 수 있지요. 아니, 이건 뭘까요? 얼굴 공장 속에 숨은 비밀을 풀어줄 신기한 요술 큐브까지 등장!

멍이와 냥이로 변해 버린 주니와 거니의 '얼굴 공장' 속으로 우리 친구들을 초대합니다. 이리 쿵 저리 쿵, 몸 곳곳을 옮겨 다니며 놀라운 인체 속 신비를 경험해 보세요. 매일매일 거울로 보는 내 얼굴이 어느 순간 다르게 보일지도 몰라요!

그뿐이 아니에요! 인체 과학 동화답게 빛의 굴절 원리, 소리의 진동, 충치가 생기는 원인부터 암에 걸리는 이유까지…. 다양한 과학 개념과 더불어 우리 몸과 건강에 대한 상식도 배울 수 있답니다. 가슴 공장, 배 공장은 없느냐고요? 두고 보면 알게 되겠죠? 그럼 얼굴 공장부터 신나게 탐험해 볼까요?

글쓴이 **홍지연**

나는 내 몸에 대해 얼마나 '잘' 알고 있을까?
고백하자면 〈팜〉 인체 편 《얼굴 공장》을
그리기 전엔 나도 내 몸에 대해 잘 몰랐어.
그러다가 이 책을 덜컥 만났지.

그동안 나는 많은 책에 그림을 그렸어. 제법 많이 그렸다고 생각했는데 고백할 게, 《얼굴 공장》 그림이 최고로 어려웠다고. 한편으론 최고로 재미있기도 했어. 이게 무슨 말이냐고? 처음엔 글에 맞춰 눈의 구조는 이렇고, 코의 생김새는 저렇고… 공부하듯 그렸어. 엉덩이를 의자에 붙이고, 매일 그리고 또 그렸지. 그렇게 애쓴 한 달, 한 달이 쌓여 어느새 나도 멍이, 냥이가 되어 버렸지 뭐야. 이 석이 날아오면 피하고 암을 공격하며 눈, 코, 입 속을 마구 뛰어 다녔어.

책을 다 그릴 때 즈음엔 내 몸이 자꾸 궁금하고 더 알고 싶어졌어. 코털은 왜 있을까? 이는 왜 썩는 걸까? 자꾸만 살아 숨 쉬듯 멍이, 냥이가 튀어 나왔어. 친구들도 이런 경험 있지 않아? 좋아하게 되면 그 대상이 더 궁금해지고 알고 싶어지는 거 말이야. 〈팜〉 인체 편을 통해 친구들도 몸에 대해 더 알고 싶어지 면 좋겠다. 내 몸을 아끼듯 다른 사람의 몸도 신기하고 사랑스러운 존재라는 걸 알게 될 테니까.

다음에는 우리 몸 중 가슴에서 모험이 펼쳐질 거야. 하지만 여기에는 조건이 있어! 친구들이 이 책을 좋아해야 해. 사랑하는 티를 팍팍 내야 하지. 그래야 다음 이야기를 그릴 수 있거든. 멍이, 냥이가 잊혀지기 전에 꼭 다시 만나길 바라. 그럼 다음 권까지 모두 안녕!

그림 **정원재**

글쓴이 **홍지연**

초등교사로 19년 동안 재직 후 작가이자 연구자로서 새로운 길을 걷고 있습니다. 한국교원대학교에서 컴퓨터 교육학 박사 학위를 받았으며 현재 순천향대학교 AI 융합교육학과 교수로 교단에 서고 있습니다. 《한 권으로 배우는 초등 SW 교육》,《WHY? 코딩 워크북 시리즈》,《언플러그드 놀이책 시리즈 1~5권》,《소프트웨어 수업백과》,《즐거운 메이커 놀이 활동 1-2권》,《인공지능, 언플러그드를 만나다》,《인공지능, 엔트리를 만나다》,《구글로 시작하는 디지털 수업》,《수업에서 바로 활용하는 챗GPT 교과서》,《디지털 전환 시대의 AI 디지털 교육》 등을 썼습니다.

그림 **정원재**

18년 동안 많은 책을 그리고 쓰고 디자인했습니다. 캐릭터 〈알라스카 북극이야기〉를 주제로 전시, 아트 페어, 그림책 등 다양한 활동을 펼치고 있습니다. 최근 그린 책으로는 《아이 추워!》, 《아이 더워!》, 《우리 동네 구멍가게 이용법》, 《엄마를 사랑해서 태어났어》 등이 있습니다. 쓰고 그린 책으로는 《맛있는 수채화 일러스트레이션》, 《수채 손그림에 캘리그라피를 더하다》, 《손따라 마음따라 캘리그라피》 등이 있습니다.
www.onreplay.com

감수 **김동조**

한방내과 전문의로서 자생한방병원에서 척추추나과 원장으로 15년 동안 근무했고, 도반한방병원 무릎관절줄기세포센터 원장을 역임했으며, 현재 강서구에서 척편한한의원을 운영하고 있습니다.

읽기만 해도 웃음이 빵빵!
기발한 상상력과 호기심을 자극하는
판타지 코딩 과학 동화 〈팜〉

엉뚱발랄
사고뭉치 발명가
주니

주니의
쌍둥이 형
거니

나도 있다!
멍이

지하 농장, 하늘 농장, 우주 농장, 바다 농장에서
펼쳐지는 흥미진진한 모험 이야기

- 2020 올해의 청소년 교양도서
- 초등컴퓨팅 교사협회 추천 도서
- 중국, 대만 판권 수출

이번엔 수학이다!

저주에 걸린
숫자 농장, **도형 농장**, **규칙 농장**에서
주니와 거니가 펼치는 또 다른 모험 이야기!

4권
시간 농장도
기대해 주세요!

흥미진진한 내용을 읽다 보면 교과 연계까지!

국어	수학
2학년 1학기 11.상상의 날개를 펴요	1학년 1학기 1. 9까지의 수
과학	1학년 2학기 3. 모양과 시각
3학년 2학기 2. 동물의 생활	2학년 1학기 2. 여러 가지 도형
4학년 1학기 2. 지층과 화석	2학년 2학기 5. 표와 그래프
5학년 1학기 3. 태양계와 별	2학년 2학기 6. 규칙 찾기
실과	3학년 1학기 5. 들이와 무게
5학년 2학기 4. 생명기술 시스템과 동식물(교학사)	3학년 2학기 2. 평면도형
6학년 2학기 4. 발명과 로봇	4학년 1학기 6. 규칙 찾기

<팜> 시리즈를 읽은 독자들의 리얼 한줄평!

상상력을 불러일으키는 이야기가 독특해요. 그림도 귀엽고 웃겨서 아이가 재미있게 보고 있어요. (은** 님)

재밌게 읽어서 시리즈 다 샀어요. (sh**** 님)

이보다 더 유쾌하고 즐겁게 코딩을 배울 수 있는 책이 있을까요? (hea**** 님)

오랜만에 아이가 찾은 대박 책이었어요. 정말 즐겁게 여러 번 봤습니다. (ch**** 님)

아이가 금세 읽더니 두고두고 읽네요. 두께에 비해 쉽게 읽히는 책입니다. (yo**** 님)

그림도 재밌고 이야기도 정말 재미있어요. 아이가 책을 한참 보네요. (i***ㄴ 님)

추천 만큼 엄청 재밌네요. 코딩 입문서로 추천! (mix**** 님)

생활 발명에 대한 아이들의 상상력을 끌어내기에 좋아요. (nu*** 님)

팜 시리즈 나올 때마다 아이가 재미있게 읽고 있어요. (ke***** 님)

만화 느낌으로 풀어내니 코딩에 대한 거부감도 옅어지는 것 같아요. (검*** 님)